তুমি আমি, নদীকথা

রূপায়ণ সরকার

তুমি জানো এগুলো সব তোমাকে মনে করেই লেখা। তাই বইটি
থাক তোমারই। সব নাম নিতে নেই

বিষয়বস্তু

বিষয়বস্তু

বিষয়বস্তু

ভূমিকা

একটা নদী, তুমি, কিছু ভুলতে না পারা কথা

1. নদীকথা ১

যোনিপথ দিয়ে নদী মাছেদের জন্ম দেয়। মাছেরা স্কুলে যায় বেঁচে থাকে। গান নাচের স্কুল। বড় হয়। শিকারি মাছ থেকে নিজেকে বাঁচাতে, বাঁচাতে সজাগ হয়। বাড়ির কাজ, পারার দোকান, অফিস, রবিবার ছুটি। শক্ত, চকচকে আঁশের মোড়কে নরম শরীর ঢেকে রাখে। মাছেরাও একদিন ধরা পড়ে যায়, আলো ঝলমলে বাজনা ওয়ালা সন্ধ্যায়। মাছ নদী হয়ে যায়, নদী মাছ হয়ে যায়

2. ২

বিয়ার হাতে ঠান্ডা মানুষ, দুটি পা নদীতে, পাথরে বসে।
নীল পাহাড়। পাহাড়ি নদী বিয়ারের গন্ধ চেনে, আনন্দ চেনে।
পাথরে জল ঠোক্কর খেয়ে মাথা ঘুরে দুদিকে ভাগ হয়ে যায়।
অন্য প্লেটে সেদ্ধ ডিম। মানুষেরা রাত্রে অসাড় হয়, নদী নেশায়

১. ৩

গত বন্যায় ভেসে যাওয়া ড্রেসিং টেবিল, আটকে আছে নদীর ধারে। মাছেরা চুল আঁচড়ে যায়। মেঘেরা সাজুগুজু করে বৃষ্টি হয় আয়নার গায়ে। রাতের তারারা নিজেদের দেখে লজ্জা পেলে দিন হয়ে যায়। ড্রেসিং টেবিল কাত হয়ে শুয়ে। আগামী বন্যায় ভেসে যাবে

8.

পাথুরে নদী সুন্দর। হেঁটে নদী মাঝে যাওয়া যায়। ঠান্ডা পাথরে আস্তে আস্তে পা ফেলে চলি যেন পরকীয়া ঘর। নদীতে দাঁড়িয়ে রীল বানাই। পায়ের নিচে পাথর নড়েচড়ে ওঠে, শরীরের উষ্ণতা সহ্য করতে চায় না। ছোট্ট ট্রিপে নদী মেখে ড্রয়িং রুমে ফিরলে, শহরের রাস্তায় নদী দেখা করতে আসে। বারবার প্রেমে পড়ে যাই। লজ্জা পাই নগ্ন শরীর, নগ্ন ঠোঁট ছুঁয়ে দেখতে। যৌনতার পর নদীর দেখা করতে আসে

5. ৫

যারা নৌকা চালায়, স্টিমার, লঞ্চ ,নদী তাদের কাছে রাস্তা। বাদাম, কোল্ড্রিংস হাতে নৌকা পার। ক্যাফেটেরিয়াও থাকে। মাছ – ভাত প্যাকেজ। নদীর খিদে পেলে লঞ্চ উল্টে মানুষকে খেয়ে ফেলে

৬. ৬

অনেকক্ষণ নদীপাড়ে বসে ছিলাম। কতটা গভীর চক্রান্ত হলে নদী হয়, প্রেম হয়। জোয়ার-ভাটা, তুমি, আকাশ ভরা জল, সবাই অভিমানী। গভীর চক্রান্ত হলে আমরা একসাথে থাকি। একটা সেলুন, পাশে মুদির দোকান, চাওমিন বানাচ্ছে, সব ফেলে জলের হেঁটে যাওয়া গন্ধ পাই। আমাদের না হওয়া সংসার সাজাই। সামনের শনিবার দেখা হবে না, তোমার সাথে, নদীর সাথে, বালি, ঘাসের সাথে। কতটা গভীর চক্রান্ত হলে আমাদের প্রণয় হয়! দরজার বাইরে সিঁড়ি সাজানো, ধাপগুলো মিটমিট করে হাসে। ভাঙা সম্পর্ক সেলাই করি। ঘুড়ি বানাই। পরের জন্মে নদীর পাশে থাকবো তুমি আমি। জানিনা কতটা চক্রান্ত হলে সম্ভব

7. ৭

ইলেকট্রিক চুল্লি থেকে ছাই জলে ছড়িয়ে দিলে মুক্তি। জল মাটির শরীর বেয়ে নেমে আসে, হাঁটু পর্যন্ত ভিজে যায়। নদীর নাম দীর্ঘস্থায়ী। ছাই ভাসে, ভাঙ্গা কলসি, প্রতিমা। যতদূর দেখা যায় শুধুই স্রোত। মাঝে মাঝে চুল্লি। মাঝে মাঝে ঘাট, ছাই, কান্না। ওপারের মানুষ দূরের মানুষ

৪. ৮

· ৪ ·

নদীকে না দেখার ভান করে ব্রিজ দিয়ে হেঁটে যাওয়া যায়। একপাশে চারা গাছ দোকান, ট্রাফিক বাতি। একপাশে শরু শরু গলি। ব্রিজ থেকে মুরে রাস্তাকে সোজা দাঁড় করালে গাছের মতো দেখায়। হলুদ সাদা অটোগুলো পাতা, খাবার আনতে ছোটে

৭. ৭

কতটুকু নদী হল। কুয়াশা ভিজে থাকে জলের ওপর। সময় যতটা দূরত্ব তৈরি করে, ততটা দূরে রাস্তা পেরিয়ে বাড়ি। শীত ভেজায় বৃষ্টির মতন। নদী একটা ছোঁয়াচে অসুখ। রাত ভোরে মাতালের বাড়ি ফেরা। কতটুকু নদী দিতে পারে। ভিড় জমে থাকে মেইন রোডে মৃতদেহ ঘিরে, সাইকেল থেকে পড়ে ট্রাকের ধাক্কায়। সব মিশে যাবে নদীতে একদিন, কুয়াশার মতন

10. ১০

বর্ষার নদী জল ঘর ভাঙ্গে, নদী বড় হয়। ভেসে যায় বাবা-মা, আত্মীয়, ভাই বোন। সন্তানরা মাছ হয়। বন্যায় মৃত মানুষের খোলস ব্যারেজের গেটে আটকে থাকে। তুমি নদী আঁকলে মৃত মানুষ আঁকো। ভেসে থাকা ভেলা বেহুলাহীন। সবাই আগুন হয় না, দফন হয় না। আমাদের ঈশ্বর অন্য গ্রহে থাকে। প্রিয় পশু জলে ভেসে যায়। খুব বৃষ্টি হলে আমি নিজেকে বাঁচাই। ছাতা কিনি। যারা ছাতার দোকান চেনে না তারাই ভেসে যায়

11. ১১

তুমি গান গেয়ে যাও। আমি হাততালি জুড়ে দিই অনেকগুলি। নদী তুমি নানা শব্দ করে চলে যাও। পাড়ে বসে শুনি। সবকিছুকেই খুব নশ্বর মনে হয়। তোমার বয়ে যাওয়া স্রোত ক্যালেন্ডারে মাসের পাতা পাল্টায়। এই মাসে সবার জন্মদিন। নদী তুমি হ্যাপি বার্থডে গেয়ে ওঠো। যারা জন্মায় সবার প্রিয় গান থাকে, প্রিয় ফুল থাকে। প্রিয় নদী কারো কারো থাকে

12. ১২

পাহাড়ি নদীর শব্দ থাকে, গান থাকে, গতি থাকে। পাহাড়ি নদীর এমন সব মোচড় থাকে যেন কচি বয়সে যোগব্যায়ামের ক্লাস। অধৈর্য জল দৌড়ে বেড়ায়। বয়স বাড়লে গানও থেমে যায়

13. ১৩

পাহাড় ঘুরতে গেলে পাহাড়ি নদীর পাশে বসতে হয়। আমরা বসি। ছোট বড় পাথরে পা ফেলে হাঁটি। মসৃণ পাথর তোমার স্তনের মতো স্থির। বুকের উপর হাঁটার অনুভূতি। পায়ের নিচে ঠান্ডা হয়ে ওঠে। গোড়ালিতে কামড়ে ধরে নদীর ঠোঁট। প্রিয় প্রেমিকার নরম শরীরে স্রোত। যারা সবুজ আলো দেখলেই হাঁটে, তারা যেন পাহাড়ের নদীতে না বসে। এখানে শুধুই পাথুরে আলো। বাড়ি থেকে অফিস জল মাড়িয়ে যেতে হয়। মাছ ধরা একটা পেশা। নাভির থেকেও বেশি শীতল শরীর। নদীর যৌনাঙ্গ জন্ম দেয় অনেক বিচিত্র। আমরা তো শুধু নানা রঙের, নানা ঢং এর পাথর নিয়ে বাড়ি ফিরি

14. ১৪

· 14 ·

বেড়াতে গেলে নদীর সঙ্গে ফটো তোলা হয়। অনেক পোজ়, একই নদীর সামনে। কোমর জলে নেমে বালি পাথর ওঠায়। বাড়ি বানায়। বাড়িতে ঝগড়া, প্রেম। নদীর ধারে হাঁটতে গেলে মানুষ সুখের কথা বলে

15. ১৫

মাঝির গান কারখানার সাইরেন। মজুর মাছেরা ধরা দিতে আসে। মৃত মাছেরা রোজগার হয়। বড় নদীতে মজুর বেশি

16. ১৬

মোহনায় দ্বিপ সেজে দাঁড়িয়ে আছে। নদী হয়নি, মাঠ হয়নি। জল মাড়িয়ে দেখতে গিয়েছি। বালি জমা হয়ে আছে। না থাকলে কিইবা হত, নদী, সমুদ্র, বালি

17. ১৭

সব ধর্ম মুক্তির কথা বলে না। সব মুক্তি ধর্মের কথা বলে না। নদীচর আমি ঘুমের ওষুধের মত মলিন। রাস্তার আলো জানালা দিয়ে তোমার বিছানায় এসে পড়ে, তার ঘুম মুখস্থ করে পরীক্ষায় লিখে আসি। আমার শহরে জনপদে কোন নদী নেই। কলেজ স্টুডেন্ট এর ঘর ভাড়ায় সংসার চলে। আমার ঘুম পাড়ানিয়া গানে কোন ভয় নেই। শুষ্ক শহরের নদী মরে যায় আবর্জনায়

18. ১৮

· 18 ·

বারে বারে বদলাচ্ছে জায়গার নাম। নতুন নাম স্টেশনের।
নদীরা সেই পুরনো নাম নিয়ে থেকে যাবে আরো কতদিন!
নদীরা যে মিছিলে হাঁটে না

19. তুমি আমি ১

শহরের হিজিবিজি স্ট্রীট লাইট
তোমার ঘরে গিয়ে বলে আসে,
"সব কথা রাখা হবে না।"
আবার দেখা হবে,
ফ্রেঞ্চ ফ্রাইস, কফি;
হাত ধরে শীতলতম কথা।
দুটো সেলফি চিরকাল গ্যালারিতে শুয়ে থাকবে।
অনেকদিন পর ছবিগুলো –
চোখের সামনে নিয়ে আসবে অল্প আলোর ক্যাফে।
আমাদের আর দেখা হয় না
মন খারাপ হয় না,
মুহূর্তগুলো এখনো তরতাজা।
একা জানালায় জেগে থাকে স্ট্রীট লাইট
"বলেছিলাম না, সব কথা রাখা হবে না"।

20. ২

তোমার ঠিকানা লেখা কাগজটা খুঁজে পেলাম। অযত্নে এত বছর হারিয়েছিল। কতকিছু মনে পড়ে। হাত ধরে প্রজাপতি রং দেখে অবাক।
গান পাখি দেখেছিল রাস্তা হেঁটে, হাত ধরে, গল্প। যত্নে তুলে রাখি। যাব না কোনদিন

21. ৩

নিহত অনুভব পকেটে রেখে বাসস্ট্যান্ডে দাঁড়াই। কন্টাক্টার ভাড়া বুঝে নামিয়ে দেয় শরৎকালে। এখন উৎসব। নতুন জামা। চাঁদার বই হাতে নাম জানতে চায়। তুমি খুব হিসেবি। তোমার দেয়া ঘড়িটার মতন। শীতকালে তোমায় ধরে ঘুমোবো। মানুষ মরে গেলে শীতকাল হয়

22. ৪

রহস্য গল্পের শেষ অধ্যায়ে জানা যাবে সত্যি। নোংরা মাছি
খুঁজে নেবে খাবার। আমার বেগুনি সুতোর বিড়ি স্মোক বন্ধ।
বেশ্যা লজ্জা পেলে কবিতা হয়ে যায়। কপালের টিপ একটা
জ্যামিতিক বিন্দু। আগোছালো চুল

23. ৫

হলুদ বিকেলে কফি কাপ হাতে ব্যালকনিতে। তোমার বানানো কফি। হালকা ধোঁয়া। অনেকবার শোনা গল্প শুনবো। তখনও থাকবে তোমার ঠোঁটের লজ্জা। আমরা সুদীর্ঘ্য অতীত ছেড়ে বৃদ্ধ সময় রাখবো। আমাদের নশ্বর কথা, বিরহ, গা ঘেঁসে বসে থাকা সব বিকেল, কেটে যাবে কফিতে। তোমার বানানো কফি

24. ৬

মহাকাব্যের নায়িকার মত দেখায় তোমাকে। পলকে মেলে ধরবে তোমার তলোয়ার, কেটে ফেলবে সময়কে। পিছিয়ে যাবে অনেকটা। তখন তুমি লড়াই শেখোনি, তখন তুমি সাইকেল চালাও, তখন তুমি আমায় খুঁজবে, তুমি তো জানো একদিন দেখা হবেই। এটা তোমার গল্প, নিজের মত লিখবে, মন খারাপ হলে আবার বের করবে তোমার তলোয়ার আবার কেটে ফেলবে সময়। তুমি ছাড়া সময়কে আর কে হার মানাবে! আমি তোমার গল্পের সামান্য চরিত্র হব

25. ৭

রুটির খোঁজে বহু দূরের শহর; ওভেনে সামান্য তরকারি, খেয়ে দেয়ে ঘুম। দেখা করতে আসে নিজের বাড়ি, খুব কাছের মানুষজন, কেউ কেউ মারা গেছে, তাও আসে। দীর্ঘ মাঠ পেরিয়ে অংকের টিউশন, তাক লাগিয়ে দেওয়া ভালোবাসা সবাই আসে। ভুলে যাওয়া বন্ধুরা একসাথে দৌড়ে স্কুলগেট পার করে, পেরিয়ে যায় জীবন। আর কেউ ভাবে না আমাকে নিয়ে, আমি কাদের স্বপ্নে আসি?

২৬. ৮

বিরহ প্রাচীর ঘেঁষে হেঁটে গেলে একটা ঠিকানা, রৌদ্র ছায়া মাখা একটা বাড়ি, কিছু ইনডোর প্লান্ট। পুরনো, ফেলে দেওয়া, জলের বোতলে নিঃশ্বাস আটকে আছে। শীতের চাদর মেখে হেঁটে যাওয়া, সরলতা তোমার ঠোঁটের চেয়ে বেশি অমলিন। জোনাকি মারা গেলে দাহ করা হবে, দু মিনিট নীরবতা। শ্রাদ্ধে সুক্ত টা দারুন হয়েছিল কোন ক্যাটারার? সেই বিষন্ন প্রাচীরটা ঘেঁষে একটা সংবিধান বানাবো তুমি কি করতে পারবে লেখা থাকবে, আমি তো অটোক্রেট। শোকসভা হলে দুঃখ পেতে চাই

27. ৭

একটা পারমাণবিক বিকেল যৌনতা, চুমু। যত বিষন্নতা
ওড়নার ভাঁজে, ক্ষত ঢাকা বিছানার চাদর, সব ভুলে
কলিংবেলে চাপ, টিংটং। যা কিছু পুড়ে গেছে আগুনে সবাই
পুনর্জন্মে প্রেম হবে, এটাই অভিশাপ। আমি টাইম কল হব।
জল নিতে এলে খেয়াল রেখো

24. ১০

আমার নতুন প্রেমিকার নাম
বলবো না,
সিটি অটোতে ১৫ টাকা দূরে থাকে
গোছানো বাড়ি, ব্যালকনিতে গাছ,
ওয়াক্স করা হাত ঘেঁষে বসে থাকি।
আমাদের কথা শেষ হয় না,
কি কথা বলি?
বলবো না।
আমার গল্পের মাঝেই সেরে ফেলে ঘরের কাজ
সেরে ফেলে স্নান,
ঈদের চাঁদের মত নখ, কেটে মেঝেতে ছড়িয়ে রাখে।
ফিল্টার থেকে বোতলে জল ভরে
সাজিয়ে রাখে ডাইনিং টেবিলের কোনায়।
আজকের মেনুতে রুটি, চিকেন আর চুমু।
এ ঘরে মৃত্যুও তুচ্ছ।
সে ঘরের ঠিকানা
বলবো না।
বিরল প্রজাতির প্রেমে আক্রান্ত আমরা
বুঝেও না বোঝার ভান করে বসে থাকি,
ঝগড়া হলে কাজে ডুবি,
তবুও তোমার কাছে আমি থেকেই যাই
তোমার বালিশে, বেড কভারে, পর্দায়, বেসিনে,
অনন্তকালের জন্য।

29. ১১

যখন তোমার শরীরে আমার দাগ নিয়ে ঘুমোতে যাও, পাশ বালিশে মেখে রাখো আদর। খোলা চুলে ঠোঁট ডুবিয়ে দিলে ভুলিয়ে দেয় তলপেটে ক্র্যাম। আগুন ও জলের সংস্কৃতি পুড়িয়ে দিতে পারে আরামদায়ক সোফার দামি কাপড়। মোমবাতি শ্লোক হাঁটু মুরে বসে বিছানার পাশে। নতুন গল্প দানিতে গুজে রাখি লাল সবুজ কথা। শরীরে নতুন দাগ ভালোবাসা এলো

30. ১২

কুয়াশা নেমে আসে। এটিএম এ ঘর ঘর শব্দ। ঘোলাটে চশমার কাঁচ। এক দুটো বেলুন নিয়ে বাড়ি ফিরি। বাচ্চাটার হাতে তুলে দি। ভিন রাজ্যে বেড়াতে গিয়ে ছবি তুলি। ছবিতে সবাই হাসছি

31. ১৩

এটা এন্টিবায়োটিকের লাস্ট ডোজ। অসুখ সেরে গেলে হারমোনিয়াম বাজে। সা নি সা। তীর্থে গেলে তোমার কথা মনে পড়ে। তোমার কাছে গেলেই ঈশ্বর। আসুখ ছাড়লে আড্ডা জমে। রজনীগন্ধা নিয়ে শ্রাদ্ধ বাড়ির গেটে দাঁড়াই। ফুলশয্যার খাট। অসুখ সেরে গেলে দার্জিলিঙে ছুটি কাটাই। না বললেও টিকিট কেটে রাখি। বাড়ির সামনের রাস্তা তোমার নামে রেখেছি। পোস্ট ম্যান জানে

32. ১৪

- হ্যালো

- হ্যাঁ বলো

- না কেউ দেখেনি, তোমার নাম দীপেন বাবু বলে সেভ করা আছে।

- আহারে রাগের কি? তুমি তো আমার বাবুই তাই না?

- না না এত ঘনঘন দেখা হবে না।

- তুমি আর যখন তখন ফোন করো না, আমার ঘরে আরেকটা তুমি আছে।

33. ১৫

বড় রাস্তা ধরে ডানদিকে কিছুটা, যেখানে অর্শ ও একশিরা চিকিৎসার চেম্বারটা তার থেকে বাঁ দিকে ঘুরে যেতে হবে, হ্যাঁ ওই চাপা রাস্তাটা একটু দুর্গন্ধ লাগবে নাকে রুমাল চেপে নিলেই হল; যমজ দুটো গলি আছে, যে গলিটার মুখে এক পাগল বসে নাক খুঁটছে সেখান দিয়ে ঢুকে যেতে হবে। ১১ হাজার ভোল্টের ট্রান্সফরমারটার পাশ কাটিয়ে কিছুটা এগোলেই, আমি থাকি।

ঠিকানাটা নোংরা, আমি না

34. ছয়

35. ১৭

ঈশ্বর মহৎ কাজ করে ধনুক ভেঙ্গে বিয়ে, আমি অন্ধ গান
শুনি লোকাল ট্রেনে

36. ১৮

একটা দাঙ্গা হলে ভালো হতো ধর্মের নামে। দেখা যেত কারা জিতে গেছে। বেসিনের যে গোপন গর্তে আরশোলার বাস, আমি দাঙ্গা রাখতাম বেসিনের সেই ফুটোয়। যে তরফেই দাঁড়াই না কেন আরশোলা খুঁজি আনাচে-কানাচে

37. ১৭

মৌমাছি চাষ খুব লাভজনক বলে হাট থেকে শীতকাল বীজ কিনে আনি। জাতিস্মর পায়রা কথা বুঝে ফেলে খড়িমাটির পায়ের ছাপ আনে উৎসব। পায়ের কাছে শীতকাল চারা গজায়। গুনে দেখেছি সব বীজ থেকে গাছ হয়নি, কিছু মৌমাছি নিয়ে গেছে, কিছু আলপনা পায়ের কাছে প্রার্থনা করছে। জাতিস্মর পায়রা সব বুঝে গেছে গোঙানির শব্দ হলুদ পর্দার ওপারে

38. ২০

ওই লোকটাকে খাতায় সেঁটে রাখি, পুজোর বোনাস পেলে
বেশ্যাপাড়া যায়

39. ২১

অনেকদিন পর লোডশেডিং
অর্ধেক পোড়া মোমবাতি টা আবার জ্বালাই
দেয়ালের ছায়াতে হাতের উট বানিয়ে মরুভূমি ভাবি
যে দুটো হাত সটের বোতাম খুলেছিল
আধ বোঁজা চোখ
ছাঁয়ায় দেখি
ছাঁয়ার মৈথুন

40. ২২

বন্ধ ফোনটাকে বারবার দেখি
কেউ খোঁজ রাখে না কারো
আমার ফোন থেকে বাশি ফুলের গন্ধ বের হয়
রাস্তার আলো জানলা দিয়ে ঢোকে
আমি চোখ বন্ধ ভালোবাসি
উদার হয়ে হেঁসে তাকানো যায়
না দেখার ভান করা যায়
করিনা
কিছুই করি না

41. ২৩

এইখানে রাখা আছে পুরনো সময়, মানুষ
হিসেবের খাতা ভরা হিজিবিজি দাগ
কতটা দূরে গেলে দূরত্ব বোঝায়
কতটা গোছানো খোপা বাঁধা গোলাপ

একদিকে ডাকছে কর্তাল, একদিকে তুমি
নিশানায় বেঁধে রাখে প্রাচীন মাছের চোখ
জিতে যেতে পারি আমিও জুয়ার শেষ চালে
বাজি ধরেছি আত্মা ও সেই অনন্ত শোক

কথার বড়শিতে বিঁধে গেছে অগোছালো টেবিল
মায়াবী হাত নাড়া আর দেখা না হওয়ার দিন
খুব ছোট হতে পারে নীতিহীন গল্প আমাদের
এইখানে ইতি টেনে দিয়ে, তোমার জামিন

42. ২৪

গুছিয়ে কথা বলতে পারলে
বোঝানো সহজ
পিঠে আসন পেতে জঙ্গল ঘড়ানো যাবে
দূরের পশুগুলো দূরে চলে যায়
ওত পেতে বসে থাকা নামহীন নদী
নৈসর্গিক ভালোলাগা
জানি আর দেখা হবে না আমাদের

গুছিয়ে কথা বলতে পারলে
বোঝানো সহজ
আমি, সিরিজে মার খাওয়া তোমার প্রেমিক

43. ২৫

কতটা আপন হলে দূরে যাওয়া যায়
বাজে কথার মানে বুঝতে গিয়ে
বোধী লাভ করি
নির্বানের রাস্তায়
বাজারের থলেতে পাপ পুণ্য সাজিয়ে রাখি
এখানে সব বিক্রি হয়

44. ২৬

আরেকবার বলবে বানর আর বিড়ালের গল্পটা
কে বেশি চালাক ছিল যেন?
বোকা কাঠুরিয়া হওয়াই ভালো।

মুদির দোকানে আমার ডাকনাম লেখা আছে
হালখাতার পরে নবজন্ম নেবে।
তখন ইলেকট্রিক বাল্ব হয়ে
দেয়ালে ঝুলে থাকবো।
পারবে আমার থেকে লুকিয়ে থাকতে?

আরেকবার বলবে কে জিতে গিয়েছিল
কচ্ছপ টা মনে হয়

45. ২৭

বার্ধক্য নিকাশি ব্যবস্থা করে রাখে
বেরিয়ে যাবে একদিন

46. ২৮

নিরীহ বিড়ালের মতো সময় ভুলিয়ে দিতে পারে সবকিছু। প্রেম ও বিরহ। প্রেম কতটা দূরে গেলে বিরহ হতে পারে? পাশাপাশি ছুঁয়ে থেকেও, কাছে থাকা যায়? লাস্ট মিনিটে রেফারীর লম্বা বাঁশি, খেলা শেষ।

দারুন একটা সালোয়ার কামিজ পড়ে এসেছিলে। আমার সেই রং ফ্যাকাশে টি শার্ট। অনেক গল্পের পরে বুঝেছিলাম, আমরা বেমানান। তাই অভ্যাসের বশে হাত ধরে হাঁটা। সব ছেড়ে দু দরজার লোকাল বাসের টিকিট কাটলেই কি বাড়ি ফেরা যায়? তোমার রেখে যাওয়ার রুমাল বইয়ের টেবিলে সাজানো। লাল গোলাপটা শুকিয়ে কাঠ হয়ে গেছে। ঘুমের একাকিত্বে তোমার শরীরের গন্ধ ঘুম ভাঙ্গিয়ে দেয়। এই যেন সব ঘটেছিল কালকে। যত বেশি পুরনো হয় তত নতুন।

একদিন জোর বৃষ্টি। একটা ছোট ছাতা নিয়ে দুজনেই ভিজেছিলাম। সেদিন পার্কে লোহার বেঞ্চে বসে বর্ষাকালকে ভালোবেসেছিলাম। ভবিষ্যতের ছক কষে ছিলাম। বৃষ্টির বাজনাতে তোমার গান বেজে ওঠে ইদানিং। চোখ ফিরিয়ে দেখি, নীরবতা। পিঠে নখের আঁচর, ক্রিমশান। তোমার হাতের উষ্ণতা এখনো গালে লেগে আছে। মাঝে মাঝে জ্বর বলে মনে হয়। আমাদের কোন গল্পই সত্যি হয়নি।

একবার পাশাপাশি বসে ট্রেনে অনেক দূর গিয়েছিলাম। জানালায় ধান ক্ষেত, চওড়া নদী। চোখ ফিরিয়ে দেখছিলে, যেন সব নতুন। এখনো কি অমন করে অবাক হও আর? তুমি কেমন আছো জানতে চাই না। বড় হলে, কেউ ভালো

থাকে না। আমার স্মৃতিতে তোমার চুল পাকেনি। একই রকম সবুজ আছো। তাইতো আর দেখতে চাই না তোমায়। বিরহ নিজেই প্রেম হয়ে গেছে।

47. ২৯

গামছার রঙে ভ্যারাইটি হয় না, মৃত্যুরও হয় না, লাল সাদা,
ভ্যানিলা আর স্ট্রবেরি, বাউল স্বর, ইংরেজি নামওয়ালা টব
গাছ, হয় তুমি ভালো আছো নয় অভালো। চা ওয়ালার আর্তি
"চিনি দেবো কি?"কেউ মুচমুচে বিস্কুট সময় খেয়ে ফেলে।
এটা শাড়ির দোকান না ঢ্যামনা, এটা জীবন বাঁচচ্ছো

48. ৩০

· 49 ·

৩০।স্টেশনে দাঁড়িয়ে হাত নাড়িয়ে গুডবাই করলো যারা, তারা কি কোথাও যাচ্ছে না?

49. ৩১

ভেতরে আর কোন অনুভূতি বাড়ছে না, শুধু শুধু বাজারে বিরিয়ানির দোকান বেড়ে যায়, ১১০ টাকা প্লেট। দুঃখ সীমিত, আনন্দ ওই কয়েকটা কথার মধ্যেই রয়ে গেছে। একটা নতুন দুঃখ পেতে চাই। ঘুম আসতে না দেওয়ার মত। অনেক আগে তোমার ট্রেনে করে চলে যাওয়ার দৃশ্য ভাবায় না। ছোটবেলায় না পাওয়া রেঞ্জার সাইকেল টানে না তার দিকে। হারিয়ে যাওয়া মার্বেল গুলোর সংখ্যাও মনে নেই। একঘেয়ে, ভীষণ রকম একঘেয়ে।

বড় বৃত্তের ভেতর ছোট বৃত্ত আঁকা হয়ে গেছে, আনন্দের। সুখ ছোট বৃত্তের মাঝে, সহবাস। হঠাৎ করে যদি তুমি ফিরে এসে বল "কোথায় রেখেছো আমার নীল রঙা ওড়না?" না খুঁজে পাওয়ার সুখ চাই। ভূগোলের প্র্যাক্টিকাল খাতায় যে পাহাড় এঁকে জমা করেছিলাম, তার নম্বর পেয়েছি, খাতা পায়নি। অসময়ে বড় বৃত্তটার গায়ে হেলান দিয়ে বসি। একটা কল তলা, ঘড়ি ধরে জল আসে। রাধা, পুরনো কোকাকোলার বোতল হাতে জল ভরতে আসে। কৃষ্ণ এখন দিন হাজিরার কাঠমিস্ত্রি। এমন একটা সুখ ভরা দুঃখ।

শোক সভা হলে জানিও। দুমিনিট নীরবতার পর, শান্তি মেলে। কবে যে প্রেম; মহামারী হয়ে যাবে! তখনো কি তুমি আক্রান্ত হবে না? তখনও কি বসে গিলবে থ্রিলার সিনেমা? জানো চাকরটাই খুনি? তোমায় প্রপোজ করলে না বলে দিও। একটা টিনচ্যাক ক্ষত চাই। না ভুলতে পারা বিরহের দোকান। কেন যে এত দুঃখ চাইছি কে জানে? শুধুই অ্যাডভেঞ্চার! দুঃখ

বাড়লে কি সরকার দুঃখ ভাতা দেবে?

বাড়লে কি সরকার দুঃখ ভাতা দেবে?

50. ৩২

টোটো চেপে ঘুরতে বেরিয়েছি মুখোমুখি বসে, টোটোওয়ালা ঈশ্বর, সব গলি চেনে।মিনি বাসের পেটের মধ্যে কিছু মানুষ নড়ছে। ফুটপাত ঘেঁষে পাইন বন বিক্রি, পাল তোলা সিটি অটো ভেসে যায় গাঢ় নীল রাস্তায়। এ শহর জানে কতটা পাপ করলে তীর্থে যেতে হয়, টোটো চেপে মানুষ দেখতে বেড়িয়েছি, সাইকেল চড়া শরীর সবার কাছে গালি খায়। কারা যেন আলো ঝুলিয়ে থামায়, যেতে বলে, থামায়; দেখি, আমরা মুখোমুখি বসে কথাহীন। শিব ঠাকুর সেজে ভিক্ষে করছে, ভগবানেরও প্রয়োজন হয়! আমরা অতশত চাই না, টোটোওয়ালা যেন ফেরার রাস্তা খুঁজে না পায়

51. ৩৩

শহরের বাড়িগুলো খুব পাশাপাশি জড়িয়ে ধরতে চাচ্ছে, হাত বাড়ালেই ছুঁতে পারে ও বাড়ির ব্যালকনি, তোমার অনিচ্ছাকৃত ক্লিভেজের মত সরু রাস্তা। সকালে যে ঝাড়ুদেয়, ওনাকে আমি চিনি। পল্টুর বিরিয়ানির দোকানে হাঁ করে বসে থাকে। জুটেও যায়, বয়স্ক বটে, কতটা জানিনা। রকের গল্পে শুনলাম উনিও প্রেগনেন্ট। আজকাল মুচকি মুচকি হাসে আর ঝাড়ুদেয়, কতটা গাঢ় অন্ধকার হলে উনিও ভালোবাসা পায়! শহরের বাড়িগুলো খুব পাশাপাশি জড়িয়ে ধরতে চাচ্ছে

52. ৩৪

এই বিকেল তোমার মত যত্ন চায়, রোল নাম্বার ডাকলে হাত তুলে দাঁড়ানো বিকেল। কিছু তোমাকে জড়িয়ে ধরে, কিছু বিছানায় জেগে, ঘুমিয়ে, কিছু ছুঁড়ে ফেলে দেওয়া, সবাই একই ক্লাসে পড়ে। যারা বৃষ্টিতে ভিজেছে তারা এক কাপ কফি চায়

53. ৩৫

· 55 ·

তোমার মুখের সবচেয়ে বাজে দাগটা তোমায় মনে রাখার কারণ